# mon journal de grossesse

MARABOUT

# Mon journal de GROSSESSE

9 mois dans la vie d'une femme...

9 mois de changements physiques, psychologiques, émotionnels...

9 mois différents, précieux dont on voudrait noter chaque instant.

C'est dans cet esprit qu'a été conçu ce journal de grossesse où vous pourrez écrire vos souvenirs, vos ressentis, vos petits et grands secrets... coller des photos pour le personnaliser... et préparer sereinement l'arrivée de votre bébé.

Plus qu'un guide, c'est un véritable compagnon de route qui vous suivra pas à pas tout au long de votre grossesse et vous fera un merveilleux souvenir à consulter plus tard.

**C'est votre journal secret, à vous d'en faire ce qu'il vous plaît !**

Parce que
c'est moi,
parce que
c'est lui

# Moi

Je m'appelle ……………………………………………………

J'ai ……………… ans

J'ai grandi à ……………………………………………………

J'ai ……………… frère(s)

J'ai ……………… sœur(s)

Ma mère est ……………………

……………………………………………

Mon père est ……………………

……………………………………………

Ce que j'aime chez mes parents

……………………………………………

……………………………………………

Ce que j'aime moins chez mes parents

……………………………………………

……………………………………………

Mon meilleur souvenir d'enfance

……………………………………………

……………………………………………

Mes jeux et jouets préférés

……………………………………………

……………………………………………

Mes héros d'enfance préférés

……………………………………………

……………………………………………

Mon lieu de vacances préféré

……………………………………………

Les traditions familiales que j'aimerais perpétuer

……………………………………………

……………………………………………

……………………………………………

……………………………………………

……………………………………………

## Mon portrait chinois

Si j'étais une couleur,

je serais ..........................................

Si j'étais une saison,

je serais ..........................................

Si j'étais un animal,

je serais ..........................................

Si j'étais une fleur,

je serais ..........................................

Si j'étais un paysage,

je serais ..........................................

Si j'étais une ville,

je serais ..........................................

Si j'étais un loisir,

je serais ..........................................

Si j'étais un vêtement,

je serais ..........................................

Si j'étais un plat,

je serais ..........................................

Si j'étais une boisson,

je serais ..........................................

Si j'étais une série,

je serais ..........................................

Si j'étais un film,

je serais ..........................................

Si j'étais un livre,

je serais ..........................................

Si j'étais une star,

je serais ..........................................

Si j'étais un personnage historique,

je serais ..........................................

Collez ici une photo de vous en famille
quand vous étiez petite.

# Lui

Il s'appelle ..........................................................

Il a .......................... ans

Il a grandi à ..........................................................

Il a .......................... frère(s)

Il a .......................... sœur(s)

Sa mère est ..........................................

..........................................................................

Son père est ..........................................

..........................................................................

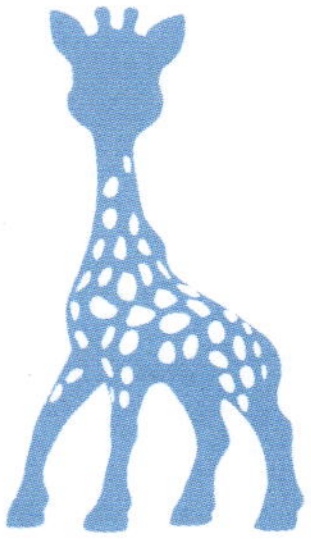

Ce qu'il aime chez ses parents

..........................................................................

..........................................................................

Ce qu'il aime moins chez ses parents

..........................................................................

..........................................................................

Son meilleur souvenir d'enfance

..........................................................................

..........................................................................

Ses jeux et jouets préférés

..........................................................................

..........................................................................

Ses héros d'enfance préférés

..........................................................................

..........................................................................

Son lieu de vacances préféré

..........................................................................

Les traditions familiales qu'il aimerait perpétuer

..........................................................................

..........................................................................

..........................................................................

..........................................................................

..........................................................................

## Son portrait chinois

S'il était une couleur,
il serait ..........

S'il était une saison,
il serait ..........

S'il était un animal,
il serait ..........

S'il était une fleur,
il serait ..........

S'il était un paysage,
il serait ..........

S'il était une ville,
il serait ..........

S'il était un loisir,
il serait ..........

S'il était un vêtement,
il serait ..........

S'il était un plat,
il serait ..........

S'il était une boisson,
il serait ..........

S'il était une série,
il serait ..........

S'il était un film,
il serait ..........

S'il était un livre,
il serait ..........

S'il était une star,
il serait ..........

S'il était un personnage historique,
il serait ..........

Collez ici une photo de lui en famille
quand il était petit.

# L'histoire de notre rencontre

## Nous, à l'époque…

Collez ici une photo d'époque.

J'avais ………… ans

Il avait ………… ans

Ce que nous faisions dans la vie

Moi……………………………………………………

……………………………………………………

Lui……………………………………………………

……………………………………………………

Où ça s'est passé ?

……………………………………………………

Qui était présent ce jour-là ?

……………………………………………………

……………………………………………………

Comment ça s'est passé ?

……………………………………………………

……………………………………………………

……………………………………………………

……………………………………………………

……………………………………………………

……………………………………………………

Mes impressions quand je l'ai vu pour la première fois

……………………………………………………

……………………………………………………

……………………………………………………

……………………………………………………

……………………………………………………

# Notre première fois

C'était quand ?

........................................................................................................

........................................................................................................

C'était où ?

........................................................................................................

........................................................................................................

C'était comment ?

........................................................................................................

........................................................................................................

Qu'ont dit nos parents en apprenant que nous étions ensemble ?

........................................................................................................

........................................................................................................

........................................................................................................

........................................................................................................

........................................................................................................

Qu'on dit nos amis en apprenant que nous étions ensemble ?

........................................................................................................

........................................................................................................

........................................................................................................

........................................................................................................

........................................................................................................

........................................................................................................

# Notre vie, maintenant

## ★ Nous deux ★

Ce que je fais dans la vie ..........................................

Ce qu'il fait dans la vie ..........................................

Nous habitons à ..........................................

dans un(e) ..........................................

Ce qui va changer dans notre vie avec l'arrivée de notre bébé

..........................................

..........................................

..........................................

## ★ Nos enfants ★

Le 1er s'appelle..........................................

..........................................et à .............. ans.

Le 2e s'appelle..........................................

..........................................et à .............. ans.

Le 3e s'appelle..........................................

..........................................et à .............. ans.

Collez ici des photos
de vos enfants.

Collez ici une photo de votre
home sweet home.

# Bientôt maman !

# Mon envie de bébé

## Quand j'étais petite…

Je voulais avoir mon premier enfant à ............ ans.

Je voulais ......... enfants : ......... garçons et ......... filles.

Je voulais les appeler

............................................................................................................

............................................................................................................

............................................................................................................

............................................................................................................

............................................................................................................

............................................................................................................

............................................................................................................

## Et maintenant...

Quand est venue mon envie de bébé ?

..................................................................................................

..................................................................................................

Pourquoi maintenant ?

..................................................................................................

..................................................................................................

..................................................................................................

..................................................................................................

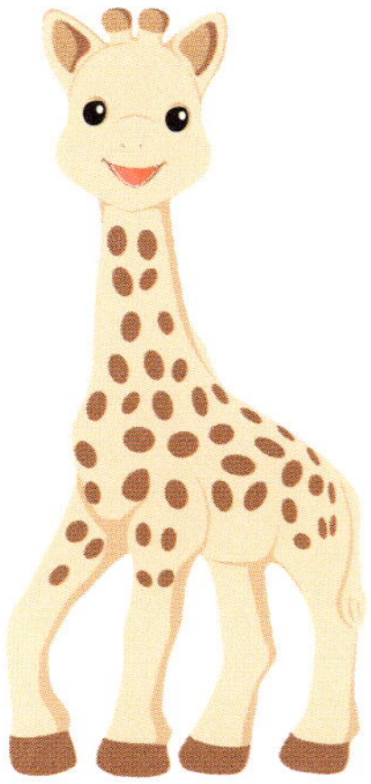

Comment je me vois, maman : ..........................................

....................................................................

....................................................................

....................................................................

....................................................................

....................................................................

....................................................................

....................................................................

....................................................................

....................................................................

....................................................................

....................................................................

....................................................................

....................................................................

....................................................................

....................................................................

Les qualités que j'aimerais que mon bébé ait

..................................................................................................

..................................................................................................

..................................................................................................

..................................................................................................

..................................................................................................

Les défauts que j'aimerais que mon bébé n'ait pas

..................................................................................................

..................................................................................................

..................................................................................................

..................................................................................................

..................................................................................................

# La genèse du grand projet

J'essaie d'avoir un bébé depuis ..................................................

C'est mon .............. essai.

Pour avoir ce bébé, j'ai dû

..................................................

..................................................

..................................................

..................................................

Quand l'a-t-on conçu ?

..................................................

Où l'a-t-on conçu ?

..................................................

J'ai deviné que ça avait marché quand ..................................................

..................................................

parce que ..................................................

..................................................

..................................................

..................................................

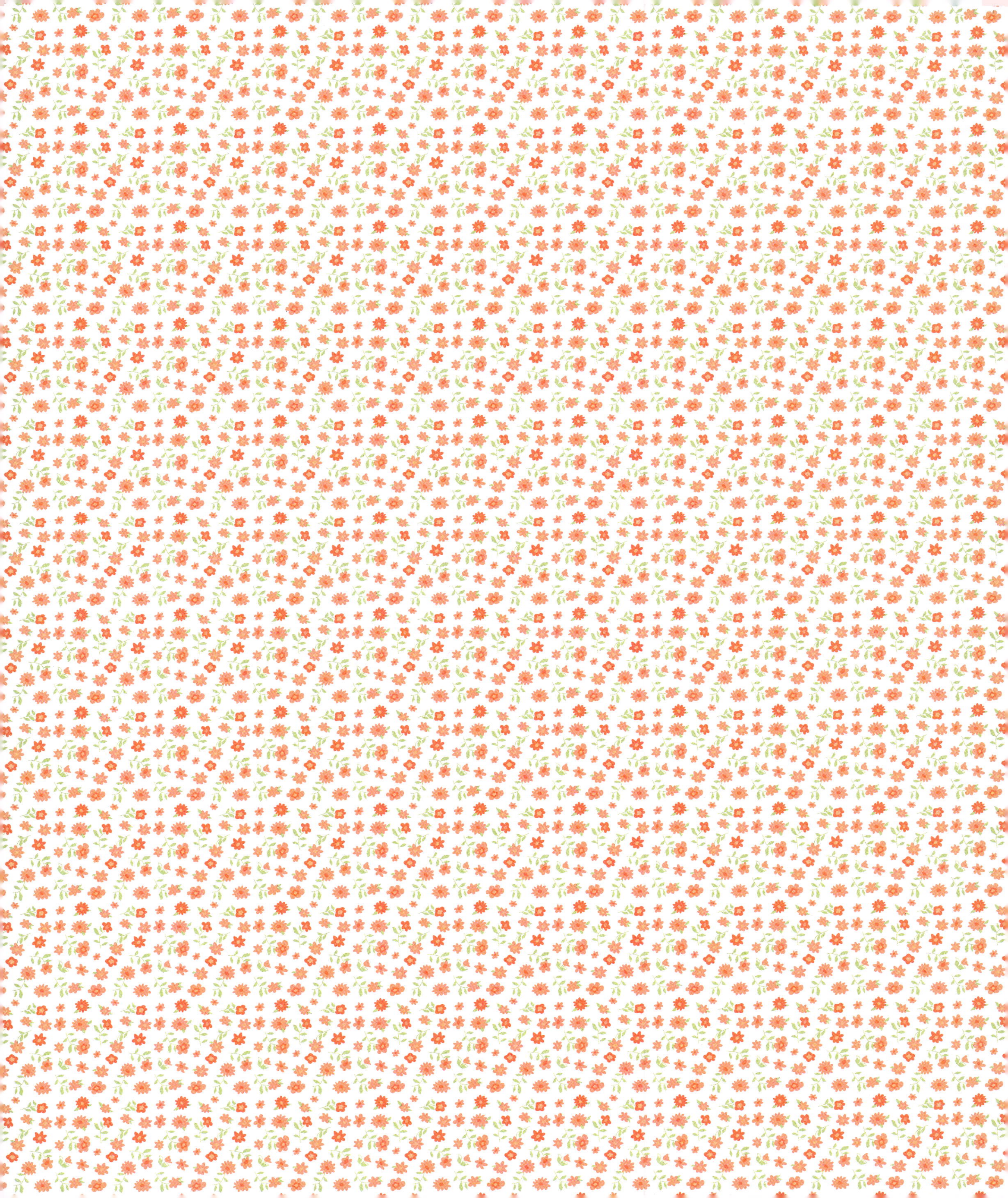

# Le test !!!

Quand ai-je fait le test ?

..........................................................................................

Où l'ai-je fait ?

..........................................................................................

Combien en ai-je fait ?

..........................................................................................

..........................................................................................

Tous les combiens ?

..........................................................................................

..........................................................................................

Qui était là à attendre la réponse avec moi ?

..........................................................................................

Collez ici une photo du test.

## Ce que j'ai pensé en voyant que c'était positif

- ○ Ça marche vraiment, ces trucs ?
- ○ Enfin !!!
- ○ Finis, les mojitos
- ○ Finis, les sushis
- ○ Flûte, je vais grossir
- ○ ........................................
- ○ ........................................
- ○ ........................................

# Mes premières réactions

## Mes pensées joyeuses

- ○ Enfin !!!
- ○ A mon tour de pouponner, câliner, papouiller…
- ○ Ça fait quand même bizarre !
- ○ La tête de ma sœur quand je vais lui dire !
- ○ ……………………………………………………………………
- ○ ……………………………………………………………………
- ○ ……………………………………………………………………
- ○ ……………………………………………………………………

## Mes bonnes résolutions

- ○ Arrêter de fumer
- ○ Arrêter de boire
- ○ E-co-no-miser !
- ○ Continuer à faire du sport
- ○ Essayer de ne pas trop grossir
- ○ ……………………………………………………………………
- ○ ……………………………………………………………………
- ○ ……………………………………………………………………
- ○ ……………………………………………………………………

Mon bébé, tu n'es pas encore là mais je voudrais déjà te dire

..........................................................................................................................

..........................................................................................................................

..........................................................................................................................

..........................................................................................................................

..........................................................................................................................

# L'évolution de mon bébé

Mon bébé
mesure
**2 à 5 mm**

Il ressemble
à un gros têtard.

Ses yeux
et sa langue
sont en cours
de fabrication.

Un semblant
de petit cœur
bat déjà.

Voir à la fin du livre !

# Les démarches

Rendez-vous et examens
importants mois après mois.

## Les démarches

### 1er et 2e mois

- ○ Aller voir mon médecin ou mon gynécologue.
- ○ Faire les examens demandés.
- ○ Renvoyer la déclaration de grossesse à la sécu et la CAF.
- ○ M'inscrire dans une maternité.
- ○ Réfléchir à un mode de garde.
- ○ ..................................................................
- ○ ..................................................................
- ○ ..................................................................
- ○ ..................................................................

# Bientôt papa !

# L'annonce

## Comment je lui ai annoncé la grande nouvelle

## Comment il a réagi

## Ce que j'en pense

## Ses espoirs

## Ses craintes

..........................................................................................................................................
..........................................................................................................................................
..........................................................................................................................................
..........................................................................................................................................
..........................................................................................................................................
..........................................................................................................................................

## Ses bonnes résolutions

- ○ Arrêter de fumer.
- ○ Trouver une maison avec un grand jardin.
- ○ Avoir une promotion.
- ○ Se remettre au sport.
- ○ ..............................................................................................................................
- ○ ..............................................................................................................................
- ○ ..............................................................................................................................
- ○ ..............................................................................................................................
- ○ ..............................................................................................................................
- ○ ..............................................................................................................................

## Comment j'ai appris la nouvelle à mes enfants

..........................................................................................................................................
..........................................................................................................................................
..........................................................................................................................................
..........................................................................................................................................
..........................................................................................................................................

## Leur(s) réaction(s)

..........................................................................................................................................
..........................................................................................................................................
..........................................................................................................................................
..........................................................................................................................................
..........................................................................................................................................

# Au fil des semaines

### Sa réaction par rapport à mon corps qui change

........................................................................................................

........................................................................................................

........................................................................................................

........................................................................................................

### Sa façon de s'impliquer

- ○ Il surveille mon alimentation.
- ○ Il est tenté par l'haptonomie.
- ○ Il vient à chaque écho.
- ○ Il a accepté de venir à la préparation à l'accouchement.
- ○ Il travaille plus pour gagner plus.
- ○ Il va transformer le bureau en chambre d'enfant.

Mais aussi ........................................................................

........................................................................................

........................................................................................

........................................................................................

........................................................................................

........................................................................................

### Ses petites attentions qui me ravissent

- ○ Ses massages.
- ○ Il fait toutes les courses pour que je n'aie rien à porter.
- ○ Ses bons petits plats.
- ○ Il me dit que je suis jolie.
- ○ Il parle à mon ventre.

Mais aussi ........................................................

...................................................................................

...................................................................................

...................................................................................

...................................................................................

SEMAINE 19

20

SEMAINE 23

## Son projet de naissance

- ○ Il veut bien être là au début mais c'est tout.
- ○ Il veut assister à tout l'accouchement.
- ○ Il veut couper le cordon.
- ○ Il veut tout filmer.
- ○ Il veut donner le premier biberon.

Mais aussi ..........................................................................

..........................................................................

..........................................................................

..........................................................................

SEMAINE 27

SEMAINE 34

## Mon ressenti par rapport à tout ça

Les bonnes surprises

..........................................................................

Les mauvaises surprises

..........................................................................

SEMAINE 38

# Nos grands moments

Un gros délire

Une grande émotion

# Nos dernières vacances à deux

Collez ici une photo
de vos dernières vacances à deux.

........................................................................................................................................................................

Collez ici une photo
de vos derniers moments à deux.

Collez ici une photo
de vos dernières
vacances à deux.

........................................................................................

........................................................................................................................

........................................................................................

Collez ici la photo
de votre dernière fête.

## Notre dernière grosse fiesta

........................................................................................

........................................................................................

## Notre dernier Noël à deux

Collez ici la photo de votre
dernier Noël à deux.

........................................................................................

........................................................................................

## Un grand moment de complicité

## Un gros clash

## HOROSCOPE CHINOIS

**2014**
L'année
du cheval

**2015**
L'année
de la chèvre

**2016**
L'année
du singe

**2017**
L'année du coq

**2018**
L'année
du chien

# Fille ou garçon ?

Ce que j'aimerais avoir ..........................................................................

Pourquoi ? ..........................................................................

..........................................................................

Ce que voudrait le papa ..........................................................................

Pourquoi ? ..........................................................................

..........................................................................

Ce qu'on me dit que ce sera ..........................................................................

Pourquoi ? ..........................................................................

..........................................................................

## Ce que ce sera peut-être… d'après les Chinois

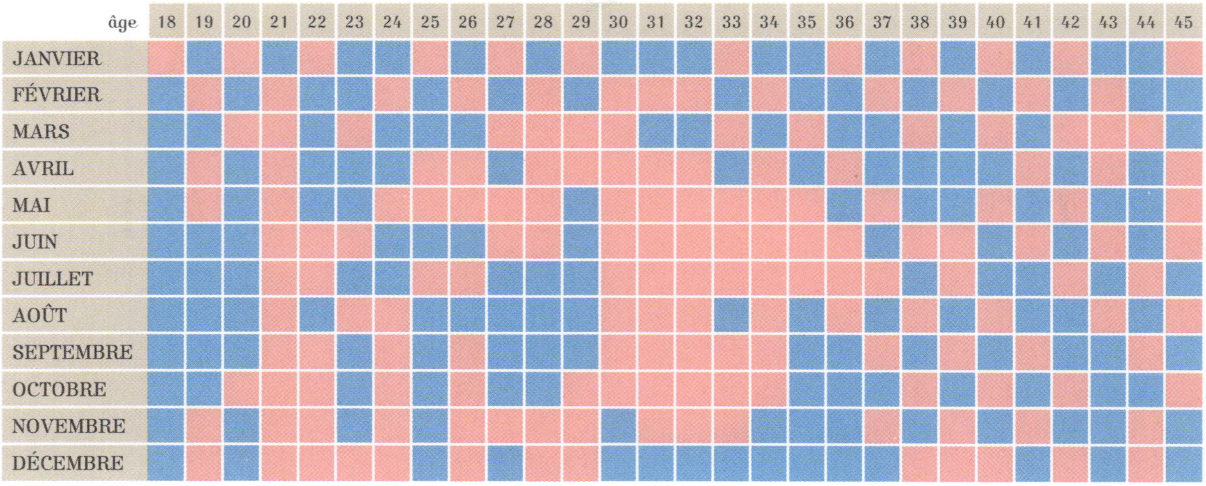


Mon âge ..........................................................................

Le mois de conception ..........................................................................

D'après le tableau, ce sera ..........................................................................

En fin de compte, je pense que ce sera

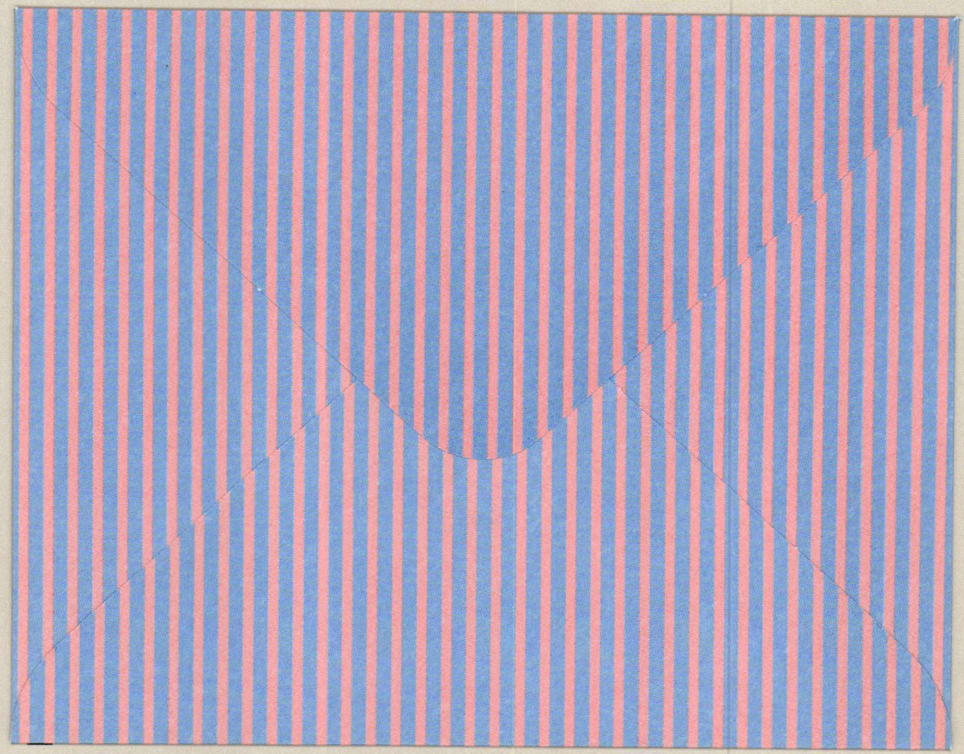

# Son portrait-robot

Les parents, bébés

Le point de départ

Collez ici une photo de vous, bébé.

Moi

Collez ici une photo du papa, bébé.

Lui

## J'aimerais qu'il ait

**Les cheveux**

- ○ Blonds
- ○ Roux
- ○ Châtains
- ○ Raides
- ○ Bruns
- ○ Frisés
- ○ ..........................................
- ○ ..........................................

**Les yeux**

- ○ Bleus
- ○ Verts
- ○ Noisette
- ○ Noirs
- ○ ..........................................
- ○ ..........................................
- ○ ..........................................

## Vu le reste de la famille, il aura probablement

Les cheveux

○ Blonds ○ Roux

○ Châtains ○ Raides

○ Bruns ○ Frisés

○ ..........................................................................

○ ..........................................................................

Les yeux

○ Bleus ○ Verts

○ Noisette ○ Noirs

○ ..........................................................................

○ ..........................................................................

## Ce que j'aimerais qu'on lui lègue

○ Les yeux bleus de ma mère.

○ Le petit nez de mon père.

○ Les longues jambes de ma belle-mère.

○ La peau mate de mon beau-père.

○ ..........................................................................

○ ..........................................................................

○ ..........................................................................

○ ..........................................................................

## Ce que je n'aimerais surtout pas qu'on lui lègue

○ Les cheveux filasses de ma mère.

○ L'eczéma de mon père.

○ Le menton de ma belle-mère.

○ La dépression de mon beau-père.

○ ..........................................................................

○ ..........................................................................

○ ..........................................................................

○ ..........................................................................

Au final,
je l'imagine comme ça

Portrait de bébé à compléter et colorier.

# Le choix du prénom

## Les prénoms que nous avons choisis

**Si c'est un garçon**

Qui l'a proposé ?

Pourquoi celui-là ?

Quel sera son nom de famille ?

Quels seront ses autres prénoms ?

**Si c'est une fille**

Qui l'a proposé ?

Pourquoi celui-là ?

Quel sera son nom de famille ?

Quels seront ses autres prénoms ?

Mes envies pour un garçon

Mes envies pour une fille

# Une longue réflexion

Ses envies pour un garçon

Ses envies pour une fille

# La première écho

# La première écho

Les questions que je veux poser

r J

'accompagnait

Collez ici une photo de la 1re échographie.

Le souvenir que je garderai de cette journée

..........................................................................................................................................

..........................................................................................................................................

..........................................................................................................................................

..........................................................................................................................................

# La dernière fois…

Que j'ai bu un verre d'alcool…

Que j'ai pu fermer mon jean…

# La première fois...

Que j'ai rêvé de mon bébé...

Que j'ai vu plein de femmes enceintes partout...

# Les autres

# L’annonce aux futurs grands-parents

Collez ici une photo de vos parents.

## La nouvelle à mes parents

Quand ? ........................................................................

Où ? ........................................................................

Comment ? ........................................................................

........................................................................

Leur réaction ?

........................................................................

........................................................................

........................................................................

Ce que j’en pense

........................................................................

........................................................................

........................................................................

........................................................................

........................................................................

## La nouvelle à mes beaux-parents

Quand ? ……………………………………………

Où ? ……………………………………………

Comment ? ……………………………………………

……………………………………………

Leur réaction ?

……………………………………………

……………………………………………

……………………………………………

Ce que j'en pense

……………………………………………

……………………………………………

……………………………………………

……………………………………………

……………………………………………

Collez ici une photo de vos beaux-parents.

# L'annonce aux amis proches

Collez ici une photo de votre bande d'amis.

À qui l'ai-je annoncé en premier ?

..........................................................................................................................................

Pourquoi ?

..........................................................................................................................................

Sa réaction ?

..........................................................................................................................................

..........................................................................................................................................

..........................................................................................................................................

# Florilège

## Remarques sympas

Qui ? ........................................

Quoi ? ........................................

........................................

Qui ? ........................................

Quoi ? ........................................

........................................

Qui ? ........................................

Quoi ? ........................................

........................................

Qui ? ........................................

Quoi ? ........................................

........................................

## Remarques moins sympas

Qui ? ........................................

Quoi ? ........................................

........................................

Qui ? ........................................

Quoi ? ........................................

........................................

Qui ? ........................................

Quoi ? ........................................

........................................

Qui ? ........................................

Quoi ? ........................................

........................................

# L'annonce au travail

Quel est mon travail ?

..............................................................................................................................................

Comment ça se passe en ce moment ?

..............................................................................................................................................

..............................................................................................................................................

Quelles sont mes craintes par rapport à mon congé maternité ?

..............................................................................................................................................

..............................................................................................................................................

..............................................................................................................................................

..............................................................................................................................................

Quand et comment vais-je apprendre la nouvelle à mon boss ?

..............................................................................................................................................

..............................................................................................................................................

..............................................................................................................................................

..............................................................................................................................................

..............................................................................................................................................

Comment a-t-il réagi ?

Qu'ont dit mes collègues en apprenant la nouvelle ?

Combien de temps vais-je m'arrêter ?

Comment vais-je m'organiser ?

# Ah les gens !

## Les bêtises qu'on m'a dites et que je vais me dépêcher d'oublier

- ○ Il faut manger pour deux.
- ○ 5 minutes dans la bouche, 5 ans sur les hanches.
- ○ Arrête de regarder des films d'horreur.
- ○ Arrête d'aller au cinéma car le son est trop fort.
- ○ Bouge-toi, tu n'es pas malade.
- ○ Arrête de bouger, tu vas perdre ton bébé.
- ○ « Votre col ne s'ouvrira jamais ».
- ○ ..........................................................................
- ○ ..........................................................................
- ○ ..........................................................................
- ○ ..........................................................................

## Les pires choses qu'on m'a faites

- ○ Me tripoter le ventre sans me demander.
- ○ M'exhiber à tous les internes du service.
- ○ Me charcuter le bras pour une prise de sang.
- ○ Me griller ma place dans la queue à la caisse.
- ○ Me laisser me débrouiller avec mon énorme valise dans le train.
- ○ Me demander si j'étais à terme… à 4 mois.
- ○ ..........................................................................
- ○ ..........................................................................
- ○ ..........................................................................
- ○ ..........................................................................

## Les petites attentions qui m'ont ravies

- ○ Un spa offert par mes copines.
- ○ Les câlins du ou des grands sur mon ventre.
- ○ Les compliments.
- ○ Qu'on me cède une place sans que je ne demande rien.
- ○ Mon père qui va fumer loin, dehors.
- ○ Ma mère qui s'est remise spécialement au tricot.
- ○ Les propositions de baby-sit pour l'aîné.
- ○ ..................................................................
- ○ ..................................................................
- ○ ..................................................................
- ○ ..................................................................

## Les cadeaux qu'on m'a faits

| Quoi ? | Qui ? | ☺ ou ☹ |
|---|---|---|
| Sophie la girafe | | |
| | | |
| | | |
| | | |
| | | |
| | | |
| | | |
| | | |
| | | |
| | | |

# Je me chouchoute

# L'évolution de mon ventre mois par mois

Collez ici une photo
de vous toujours au même
endroit et dans la même
position.

avant la grossesse

Collez ici une photo
de vous toujours au même
endroit et dans la même
position.

1er mois de grossesse

Collez ici une photo
de vous toujours au même
endroit et dans la même
position.

2e mois de grossesse

Collez ici une photo
de vous toujours au même
endroit et dans la même
position.

3e mois de grossesse

Collez ici une photo
de vous toujours au même
endroit et dans la même
position.

4e mois de grossesse

Collez ici une photo
de vous toujours au même
endroit et dans la même
position.

5e mois de grossesse

Collez ici une photo
de vous toujours au même
endroit et dans la même
position.

6e mois de grossesse

Collez ici une photo
de vous toujours au même
endroit et dans la même
position.

7e mois de grossesse

Collez ici une photo
de vous toujours au même
endroit et dans la même
position.

8e mois de grossesse

Collez ici une photo
de vous toujours au même
endroit et dans la même
position.

9e mois de grossesse

## Mon tour de taille pendant la grossesse

avant la grossesse : ............... cm

au 1er mois : ............... cm

au 2e mois : ............... cm

au 3e mois : ............... cm

au 4e mois : ............... cm

au 5e mois : ............... cm

au 6e mois : ............... cm

au 7e mois : ............... cm

au 8e mois : ............... cm

au 9e mois : ............... cm

# Mon corps

## Mon nouveau moi, mois après mois

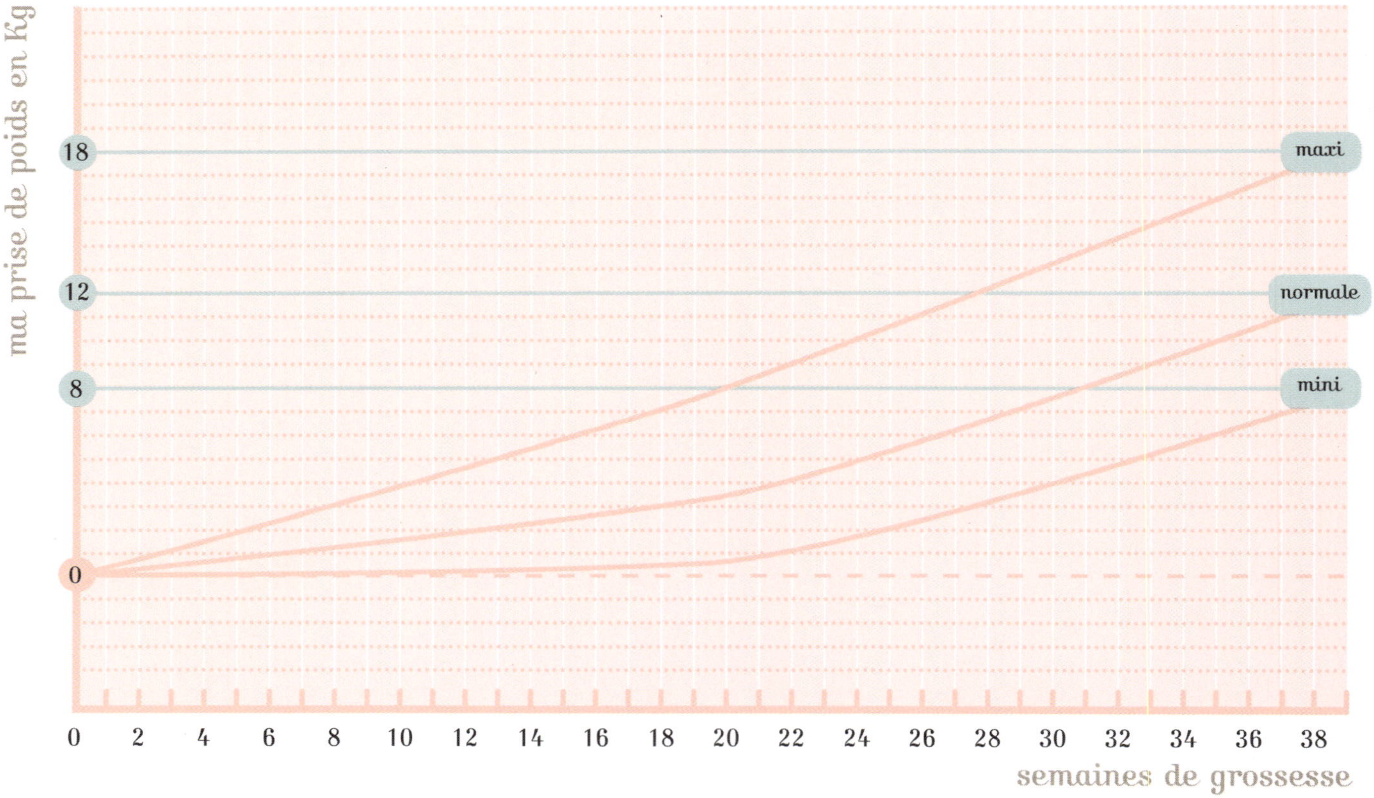


| Ma taille | De soutien-gorge | De pantalon |
|---|---|---|
| 1er mois | | |
| 2e mois | | |
| 3e mois | | |
| 4e mois | | |
| 5e mois | | |

| Ma taille | De soutien-gorge | De pantalon |
|---|---|---|
| 6e mois | | |
| 7e mois | | |
| 8e mois | | |
| 9e mois | | |

## Les changements qui m'impressionnent le plus

- ○ Mon décolleté.
- ○ Ne plus voir mes pieds.
- ○ La capacité d'extension de la peau.
- ○ Le nombril qui ressort.
- ○ ..............................
- ○ ..............................
- ○ ..............................
- ○ ..............................

## Ce que je regrette le plus dans mon corps d'avant

- ○ Mes abdos.
- ○ Mon énergie.
- ○ Ma peau zéro défaut.
- ○ Mon centre de gravité.
- ○ ..............................
- ○ ..............................
- ○ ..............................
- ○ ..............................

## Ce que je fais pour entretenir mon corps

- ○ Je l'enduis de crème.
- ○ Je fais du yoga.
- ○ Je nage.
- ○ J'ai arrêté la boxe française.
- ○ J'ai arrêté les religieuses.
- ○ Des pédicures.
- ○ ..............................
- ○ ..............................
- ○ ..............................
- ○ ..............................

# Mes moments de tendresse

Ce que la grossesse change pour moi dans notre vie à deux

..............................................................................

..............................................................................

..............................................................................

..............................................................................

..............................................................................

Ce que je ressens par rapport à ça

..............................................................................

..............................................................................

..............................................................................

..............................................................................

..............................................................................

..............................................................................

Ce que la grossesse change pour le papa dans notre vie à deux

..............................................................................

..............................................................................

..............................................................................

..............................................................................

..............................................................................

Ce qu'il ressent par rapport à ça

..............................................................................

..............................................................................

..............................................................................

..............................................................................

..............................................................................

..............................................................................

Ce que nous faisons pour entretenir la flamme

..............................................................................

..............................................................................

..............................................................................

Les réactions de mes enfants devant mon gros ventre

..............................................................................

..............................................................................

..............................................................................

Photos de câlin en famille.

# Mon alimentation

## Ce à quoi je dois renoncer :

- ○ Thé
- ○ Café
- ○ Coca
- ○ Viande crue
- ○ Foie gras
- ○ Alcool
- ○ Poisson cru
- ○ Saumon fumé
- ○ Coquillages crus
- ○ Fromages au lait cru
- ○ Fromages à pâte molle
- ○ Croûte du fromage
- ○ ……………………………………………………………
- ○ ……………………………………………………………
- ○ ……………………………………………………………
- ○ ……………………………………………………………

## J'aimais, j'aime plus : mes dégoûts

- ○ Le lait
- ○ L'ail
- ○ Les omelettes
- ○ Les poireaux
- ○ ……………………………………
- ○ ……………………………………
- ○ ……………………………………
- ○ ……………………………………
- ○ ……………………………………

- La confiture de fraises à même le pot
- Les fraises Tagada
- Les fruits bio
- Le Galak (par lot de 3 plaquettes)
- ..........
- ..........
- ..........
- ..........
- ..........
- ..........

## Mes nouvelles lubies

## Mes grands regrets

- Les mojitos
- Les sushis
- Le foie de veau
- Le fromage... le vrai !
- ..........
- ..........
- ..........
- ..........
- ..........
- ..........

# Ma santé

Ce qui change par rapport à mes autres grossesses (ou à avant, si c'est la première) ?

..................................................................................................................................

..................................................................................................................................

..................................................................................................................................

..................................................................................................................................

..................................................................................................................................

Les examens particuliers que je dois faire

..................................................................................................................................

..................................................................................................................................

..................................................................................................................................

Pourquoi ?

..................................................................................................................................

..................................................................................................................................

..................................................................................................................................

..................................................................................................................................

..................................................................................................................................

## Les odeurs qui m'insupportent

- ○ La transpiration
- ○ Le Paic citron
- ○ Le café au lait
- ○ La cigarette
- ○ Le gel douche au monoï
- ○ ................................................................................
- ○ ................................................................................
- ○ ................................................................................
- ○ ................................................................................

## Mes petits bobos

- ○ Ça me gratte de partout.
- ○ J'ai comme un poids sur l'estomac.
- ○ J'ai des nausées.
- ○ J'ai les jambes qui gonflent.
- ○ J'ai du poil partout.
- ○ J'ai de l'acné.
- ○ ................................................................................
- ○ ................................................................................
- ○ ................................................................................
- ○ ................................................................................

## Quand est-ce que je me sens le mieux ?

- ○ Quand je dors.
- ○ Quand je suis avec mes copines.
- ○ Quand je nage.
- ○ Quand j'ai mangé ma dose de chocolat.
- ○ Quand ..........................................................................................
- ○ Quand ..........................................................................................
- ○ Quand ..........................................................................................
- ○ Quand ..........................................................................................
- ○ Quand ..........................................................................................
- ○ Quand ..........................................................................................
- ○ Quand ..........................................................................................
- ○ Quand ..........................................................................................

trucs
anti-
bobos

# Mon sommeil

Avant j'avais besoin de
................. heures de sommeil par nuit.

Maintenant, j'ai besoin de
................. heures de sommeil par nuit.

Pour tenir le choc
je me couche à ................. heures.
et je me réveille à ................. heures.

Ma position fétiche pour bien dormir

..........................................................................................................................

..........................................................................................................................

Mes rêves les plus fous

..........................................................................................................................

..........................................................................................................................

..........................................................................................................................

..........................................................................................................................

..........................................................................................................................

Mes cauchemars les plus flippants

..........................................................................................................................

..........................................................................................................................

..........................................................................................................................

..........................................................................................................................

..........................................................................................................................

## Mes trucs pour bien dormir

- ○ J'ai enlevé tous les écrans, téléphone, bazar divers et varié de ma chambre.
- ○ Je limite au maximum le café et le thé.
- ○ J'évite de faire la sieste quitte à me coucher une heure plus tôt le soir.
- ○ Je me suis mise au yoga, à la relaxation, au tai-chi…
- ○ J'évite de trop boire en fin de journée.
- ○ Je ne fais pas de sport en fin de journée.
- ○ Le soir, je mange léger et je privilégie les sucres lents.
- ○ Je ne surfe pas sur Internet le soir.
- ○ Je me couche toujours à la même heure.
- ○ Je ne lis pas de livres de puériculture le soir.
- ○ J'ai mis en place un petit rituel du soir avant de me coucher.
- ○ Je me masse lentement et fermement le point au sommet du crâne, entre les oreilles, pendant une minute.
- ○ Je glisse un brin de lavande séché dans ma taie d'oreiller.
- ○ J'ai mis des rideaux occultants pour faire le noir dans ma chambre.
- ○ Je dors avec un masque pour les yeux.
- ○ Je dors avec des boules Quiès.
- ○ Je me suis achetée une bouillotte sèche que je cale derrière mon dos, le soir, pour me détendre.
- ○ J'essaie de dormir sur le côté gauche (pour ne pas comprimer la veine cave).
- ○ Je me cale avec des oreillers.
- ○ Au lieu de stresser quand je n'arrive pas à dormir la nuit, je me lève pour lire un peu.
- ○ ……………………………………………………
- ○ ……………………………………………………

# Mon visage et mes cheveux

Comment ils étaient avant

..............................................................................

..............................................................................

..............................................................................

..............................................................................

Comment ils sont maintenant

..............................................................................

..............................................................................

..............................................................................

..............................................................................

Les produits qui me font du bien

..............................................................................

..............................................................................

..............................................................................

..............................................................................

Mes rituels beauté

..............................................................................

..............................................................................

..............................................................................

..............................................................................

## Mon maquillage « bonne mine »

Teint : ........................................................................

........................................................................

........................................................................

........................................................................

Yeux : ........................................................................

........................................................................

........................................................................

........................................................................

Lèvres : ........................................................................

........................................................................

........................................................................

........................................................................

(à colorier avec vos fards, crayons, gloss…)

## Le grand jeu

Collez ici une photo de vous pomponnée pour une occasion spéciale.

# Mon look

Les vêtements de grossesse dont j'ai hérité et que je mettrai beaucoup

..............................................................................................................

..............................................................................................................

Les vêtements de grossesse dont j'ai hérité et que je ne mettrai jamais

..............................................................................................................

..............................................................................................................

Date de ma première virée shopping « grossesse »

........../........../..........

Ce que j'ai acheté

..............................................................................................................

..............................................................................................................

..............................................................................................................

Mes marques préférées

..............................................................................................................

..............................................................................................................

Les magasins dans lesquels je n'ai pas osé entrer

..............................................................................................................

..............................................................................................................

# Mes looks préférés de ma grossesse

Collez ici des photos de vous dans vos looks préférés.

## Mes trucs pour rester sexy :

- ○ Des décolletés ravageurs
- ○ Des sandales compensées
- ○ Des couleurs flashy
- ○ Du vernis coloré
- ○ ..............................
- ○ ..............................
- ○ ..............................
- ○ ..............................
- ○ ..............................
- ○ ..............................

## Mes indispensables :

- ○ Mon jean de grossesse
- ○ Mes tee-shirts en lycra
- ○ Mes sandales bijoux plates
- ○ Mes culottes en coton taille basse
- ○ ..............................
- ○ ..............................
- ○ ..............................
- ○ ..............................
- ○ ..............................
- ○ ..............................

# La deuxième écho

# La deuxième écho

r J

Les questions que je veux poser

fant ? Pourquoi ?

Collez ici une photo de la 2e échographie.

Le souvenir que je garderai de cette journée

........................................................................................................................................

........................................................................................................................................

........................................................................................................................................

........................................................................................................................................

# La dernière fois…

Que j'ai monté les escaliers sans m'essouffler

Que j'ai dansé

# La première fois…

Qu'on m'a cédé une place dans le bus

Que j'ai mis un vrai pantalon de grossesse

# Je prépare l'arrivée de bébé

# Ma Baby Shower

Qui l'a organisée ?

Quand a-t-elle eu lieu ?

Où a-t-elle eu lieu ?

Quel était son thème ?

Collez ici une photo de la fête.

Collez ici une photo de la fête.

Qui est venu ?

Qui avait-il à manger ?

Les jeux ou les activités qu'on a faits

Les cadeaux qu'on m'a faits

Collez ici l'invitation à votre Baby Shower.

## Le souvenir que j'en garderai

..........................................................................................................................................

..........................................................................................................................................

..........................................................................................................................................

..........................................................................................................................................

..........................................................................................................................................

..........................................................................................................................................

# La garde-robe de mon bébé

Collez ici une photo
de ce vêtement.

C'est moi qui l'ai fait !

Collez ici la photo d'un vêtement
que vous avez fait spécialement
pour votre bébé.

Le 1er vêtement que je lui ai acheté

....................................................................

Je l'ai acheté chez ....................................

Le ...............................................................

Mes plus belles trouvailles

....................................................................................................

....................................................................................................

## Les vêtements qu'on m'a donnés

| J'adore ! | J'aime moins |
| --- | --- |
| ........................................ | ........................................ |
| ........................................ | ........................................ |
| ........................................ | ........................................ |
| ........................................ | ........................................ |
| ........................................ | ........................................ |
| ........................................ | ........................................ |

Les vêtements à acheter

# L'équipement

Mes impressions la première fois que j'ai mis les pieds dans un magasin de puériculture

..................................................................

..................................................................

..................................................................

..................................................................

..................................................................

Les trucs qui m'ont fait très envie ..................................................

..................................................................

..................................................................

Les trucs qui m'ont étonné

..................................................................

..................................................................

..................................................................

Les trucs qui m'ont fait horreur

..................................................................

..................................................................

..................................................................

..................................................................

## Ce que je vais récupérer :

- ○ Le transat de bain de..................................................
- ○ Le stérilisateur de ..................................................
- ○ Le lit-parapluie de ..................................................
- ○ Le siège-auto de ..................................................
- ○ ..................................................
- ○ ..................................................
- ○ ..................................................

## Ma liste de naissance

Nom du magasin où je l'ai faite

..................................................................

Ce que j'ai demandé

- ○ Une chaise haute
- ○ Une poussette
- ○ Un lit à barreau et son matelas
- ○ Un écoute-bébé
- ○ Une baignoire
- ○ Une gigoteuse d'été
- ○ Un matelas à langer
- ○ Une gigoteuse d'hiver
- ○ Des draps de bain
- ○ Un chauffe-biberon
- ○ Une trousse de toilette garnie
- ○ Un stérilisateur
- ○ Un porte-bébé
- ○ Un mobile
- ○ ..................................................................
- ○ ..................................................................
- ○ ..................................................................
- ○ ..................................................................

# Sa chambre

Qui va mettre la main au pinceau ?

Les jouets qui l'attendent bien sagement

L'ambiance couleur que j'ai choisie

Le thème que j'ai choisi

C'est moi qui l'ai fait !

Collez ici un objet
que vous avez fabriqué
pour la chambre
de bébé.

Les meubles que j'ai choisis

**C'est prêt !**

Collez ici une photo de la chambre de bébé.

## Mes petites ou grandes folies !

- ○ Le tout-option de compet'
- ○ Un tigre en peluche grandeur nature
- ○ Un nid d'ange très cher
- ○ Un rocking-chair vintage pour donner la tétée
- ○ ...................................................
- ○ ...................................................
- ○ ...................................................
- ○ ...................................................
- ○ ...................................................
- ○ ...................................................

# Mon organisation

Mon congé de maternité débute le ........./........./.........

Je compte m'arrêter ................. mois parce que ...............................................
..........................................................................................................
..........................................................................................................
..........................................................................................................

Qui va garder le(s) grand(s) quand je serai à la maternité ?
..........................................................................................................

## Dans ma garde rapprochée, qui m'aidera après ?

- ○ Le papa
- ○ Ma mère
- ○ Ma cousine
- ○ Ma voisine retraitée
- ○ ..........................................................................
- ○ ..........................................................................
- ○ ..........................................................................

Qui gardera bébé quand je reprendrai le travail ?

Comment ai-je trouvé ce mode de garde ?

Pourquoi ai-je choisi ce mode de garde ?

Ce qui me rassure dans ce mode de garde

Ce qui m'inquiète dans ce mode de garde

Ce que je compte faire pour qu'on ne m'oublie pas au travail

# Dernière ligne droite

# La maternité

Où vais-je accoucher ?

..................................................................................

..................................................................................

Pourquoi ai-je choisi cet endroit ?

..................................................................................

..................................................................................

..................................................................................

..................................................................................

..................................................................................

○ Chambre seule ?

○ Chambre à deux ?

Pourquoi ?

..................................................................................

..................................................................................

..................................................................................

..................................................................................

..................................................................................

Qui viendra me voir ?

Ceux à qui je vais demander d'attendre un peu

# Les cours de préparation à l'accouchement

## Ce que j'ai choisi

○ Rien

○ La méthode traditionnelle

○ Le chant prénatal

○ La sophrologie

○ ........................................

○ ........................................

○ ........................................

○ ........................................

Pourquoi ai-je fait ce choix ?

........................................

........................................

Qui m'accompagne ?

........................................

........................................

Qu'est-ce que ça m'apporte ?

........................................

........................................

# Anecdotes cocasses…

…tendres ou rigolotes :

Dates des séances

# Ma valise de maternité

## La première tenue que j'ai prévue pour mon bébé :

- ○ 1 body
- ○ 1 pyjama qui s'ouvre par devant
- ○ 1 gilet en laine
- ○ 1 petit bonnet en coton tout doux
- ○ 1 petite paire de chaussettes
- ○ 1 minicouche
- ○ ..........
- ○ ..........
- ○ ..........
- ○ ..........

## Pourquoi précisément ces vêtements-là ?

- ○ Parce qu'ils étaient à mon aîné.
- ○ Parce qu'ils sont trop beaux.
- ○ Parce qu'ils sont pratiques.
- ○ ..........
- ○ ..........
- ○ ..........
- ○ ..........

Collez ici une photo de la tenue que vous avez choisie.

La tenue que j'ai prévue pour moi ..........

..........

Pourquoi celle-là ? ..........

..........

Pour l'accouchement, je dois penser à amener dans un petit sac

- ○ La tenue de mon bébé
- ○ Un brumisateur
- ○ Un gilet
- ○ Mon MP3
- ○ Des chaussettes pour moi
- ○ 1 bouteille d'eau
- ○ 1 vieux et grand tee-shirt
- ○ De la monnaie
- ○ ..............................................................
- ○ ..............................................................
- ○ ..............................................................
- ○ ..............................................................

# Mon projet de naissance

## Sa première tétée

Sein ou biberon ?

..................................................

Pourquoi ?

..................................................

..................................................

Dans le cas du biberon : qui le lui donnera ?

..................................................

Pourquoi ?

..................................................

..................................................

..................................................

..................................................

## La façon dont j'aimerais accoucher

- ○ Dans l'eau
- ○ Accroupie
- ○ Avec une péridurale
- ○ Sans péridurale
- ○ Avec le papa à mes côtés
- ○ ..................................................
- ○ ..................................................
- ○ ..................................................
- ○ ..................................................

## Mes dernières petites et grandes angoisses

- ○ Et si je ne savais pas reconnaître les signes avant-coureurs ?
- ○ Et si l'anesthésiste était malade ?
- ○ Va-t-on me faire une épisio ?
- ○ Ça se retend vraiment, le ventre ?
- ○ Vais-je avoir une césarienne ?
- ○ ..................................................
- ○ ..................................................
- ○ ..................................................
- ○ ..................................................

# Les gens à prévenir...

Qui s'en charge ?

# Où en est le papa ?

## Comment a-t-il géré son stress ?

○ En faisant une belle couvade
○ En me surprotégeant
○ En s'investissant à fond dans son travail
○ En réaménageant toute la maison
○ ……………………………………………
○ ……………………………………………
○ ……………………………………………
○ ……………………………………………

## Ses dernières petites et grandes angoisses

○ Et si elle accouchait dans la voiture ?
○ Et si on me forçait à assister à tout ?
○ Et si je m'évanouissais ?
○ Ça se retend vraiment, le ventre ?
○ ……………………………………………
○ ……………………………………………
○ ……………………………………………

Est-il prêt à devenir papa ? Pourquoi ?

……………………………………………
……………………………………………
……………………………………………
……………………………………………

## Ça, je ne m'y attendais pas

| Les bonnes surprises | Les mauvaises surprises |
| --- | --- |
| …………………… | …………………… |
| …………………… | …………………… |
| …………………… | …………………… |
| …………………… | …………………… |
| …………………… | …………………… |
| …………………… | …………………… |
| …………………… | …………………… |
| …………………… | …………………… |
| …………………… | …………………… |

Pas encore papa !

Collez ici la dernière photo de lui avant qu'il devienne papa.

## Comment compte-t-il participer à l'accouchement ?

- ○ En me tenant la main
- ○ En filmant
- ○ En jouant à des jeux pour patienter
- ○ En me susurrant des mots d'amour à l'oreille
- ○ ..............................
- ○ ..............................
- ○ ..............................
- ○ ..............................

A-t-il finalement l'intention de rester jusqu'au bout ?

..............................

Pourquoi ?

..............................

..............................

A-t-il finalement l'intention de couper le cordon ?

..............................

Pourquoi ?

..............................

..............................

# La troisième écho

# La troisième écho

r J

Les questions que je veux poser

Collez ici une photo de la 3$^{e}$ échographie.

Le souvenir que je garderai de cette journée

................................................................................................................................................

................................................................................................................................................

................................................................................................................................................

................................................................................................................................................

# La dernière fois...

Que j'ai pu mettre
mes chaussures toute seule

Que j'ai pu me couper les
ongles des pieds toute seule

# La première fois…

Que j'ai eu envie d'enfin accoucher

Que je me suis heurtée le ventre quelque part

Welcome
baby !

# Le dernier jour

Qu'ai-je fait de particulier ce jour-là ?

.....................................................................................................

.....................................................................................................

.....................................................................................................

.....................................................................................................

## Les signes avant-coureurs car, à bien y réfléchir, il y en a eu !

- ○ J'ai détapissé l'entrée.
- ○ J'ai perdu le bouchon muqueux.
- ○ J'ai fait une virée shopping.
- ○ J'étais à fleur de peau.
- ○ ..........................................................................................
- ○ ..........................................................................................
- ○ ..........................................................................................

Quelle a été la réaction du papa ?

.....................................................................................................

.....................................................................................................

.....................................................................................................

.....................................................................................................

Qu'ai-je fait pour patienter ?

Comment s'est passé le trajet jusqu'à la maternité ?

Collez ici une photo du grand départ.

Ce qui m'a fait sourire

Ce qui m'a fait stresser

# Le voilà !

Collez ici
la photo de votre bébé.

Il est né le ..................................................

à ........................................................ heures

Il fait ................................................... cm

et pèse ............................................... kg

## La famille

Collez ici la première photo de famille.

### Voilà comment ça s'est passé

## La première chose que j'ai faite quand je me suis levée :

- ○ Toucher mes pieds
- ○ Prendre une douche
- ○ Boire un café
- ○ Dévorer une entrecôte frites… saignante, l'entrecôte !
- ○ Pipi !
- ○ ..............................
- ○ ..............................
- ○ ..............................
- ○ ..............................

## Ce jour-là, en France…

..............................
..............................
..............................
..............................
..............................
..............................
..............................

## Ce jour-là, dans le monde…

..............................
..............................
..............................
..............................
..............................
..............................
..............................